Contraste insuffisant
NF Z 43-120-14

Illisibilité partielle

Valable pour tout ou partie
du document reproduit

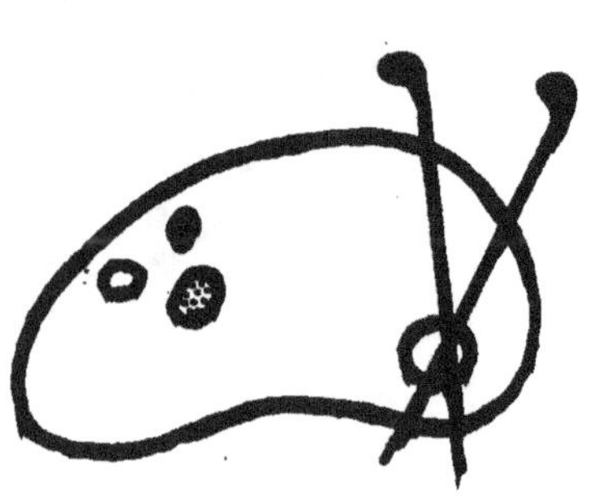

Début d'une série de documents
en couleur

Couverture inférieure manquante

Fin d'une série de documents
en couleur

ETUDE

CATALOGUES DES ANCIENS ÉVÊQUES

DE LA

PROVINCE DE VIENNE

« La question de l'origine de nos églises de France est
encore et restera longtemps à l'ordre du jour. Si leur apos-
tolicité n'est pas victorieusement démontrée, ce n'est point
faute de livres imprimés de notre temps sur la matière : on
pourrait trouver qu'ils surabondent. Il y en a malheureusement trop où les affirmations les plus précises n'ont
d'autre base qu'une tradition contestable.

« Cette question d'histoire ne saurait être envisagée
comme toute autre. Les documents qui imposeraient la
conviction et entraîneraient la certitude feront toujours
défaut : on arrive à en faire son deuil dans tous les camps.
En leur absence, le mieux est de soumettre à un examen
approfondi les catalogues mêmes des titulaires de nos sièges
épiscopaux. Ces listes sont souvent l'unique certificat de
vie pour les prélats dont l'existence n'est attestée par aucun
document à date certaine ou susceptible d'être circonscrite.
Mais, en dehors des conclusions particulières à chaque

diocèse, il est à croire que cette étude fournirait, dans son ensemble, des conséquences précieuses sur l'évangélisation de nos diverses provinces ecclésiastiques (1) ».

Comme il arrive souvent, la France a été distancée dans ce genre de recherches par l'Allemagne. En 1881, M. O. Holder-Egger a inséré dans les *Monumenta Germaniae historica*, sous le titre de *Series episcoporum et abbatum Germaniae*, tous les anciens catalogues qu'il a pu rencontrer (2); cette publication intéresse particulièrement le Dauphiné, compris dans cette collection à plus juste titre que le reste de la France. Quatre ans plus tard, M. Léop. Delisle a donné, dans l'*Histoire littéraire de la France*, une ample notice sur les *Anciens catalogues des évêques des églises de France* antérieurs au xv° siècle (3) : il ne s'agit plus ici de textes reproduits intégralement, mais d'indications bibliographiques et souvent critiques; la province de Vienne y figure à son ordre.

M. Delisle partage ces documents, à raison de leur composition, en plusieurs classes. Ce furent d'abord de simples listes, reproduction des anciens diptyques, complétées parfois au cours du temps; leur caractère officiel et traditionnel ne peut être compromis que par des intercalations ou des changements arbitraires. A ces sèches nomenclatures on ajouta ensuite le nombre d'années, de mois et de jours de chaque pontificat. Progressant dans cette voie, on « introduisit l'usage de mentionner, tantôt le jour anniversaire de la mort, tantôt le lieu de la sépulture, quelquefois des dates d'années et des détails historiques ». On en vint enfin à rédiger de véritables chroniques, auxquelles on donna le nom de *Gesta pontificum*. Ces diverses sortes de catalogues (sauf peut-être le second), ont des représentants en Dauphiné. J'ai pris soin, avant de faire paraître ce résumé, de publier tout ce qui était resté inédit parmi nos catalogues épiscopaux. Pour chacun de nos anciens diocèses, on trou-

(1) *Bulletin d'histoire ecclésiastique et d'archéologie religieuse du diocèse de Valence*, t. X, p. 185.
(2) Tome XIII des *Scriptores*, pp. 281-392 et 740-52.
(3) Tome XXIX, 1885, p. 386-454.

vera ici, avec l'appréciation de ces documents, des tableaux d'ensemble qui, mieux qu'un simple texte avec variantes, rendront un compte exact de leur composition.

I. VIENNE.

En prenant comme terme les premiers monuments liturgiques imprimés, j'ai réuni sur l'antique métropole de Vienne dix catalogues de ses évêques antérieurs au xiie siècle (1). Il en a existé un plus grand nombre, en originaux et surtout en copies ; les Bollandistes en citent plusieurs dans le cours des nombreuses monographies qu'ils ont déjà consacrées aux évêques de Vienne ; fussent-ils complets, en en juxtaposant les fragments épars, ils modifieraient très peu mes conclusions. A la description de ces dix catalogues je joindrai celle de vingt-deux listes modernes ; elles permettront de contrôler les données de la tradition par celles de la science historique. J'ajouterai quelques indications sur la composition de ces listes, leurs sources et leur valeur, sans sortir toutefois du rôle de rapporteur, sans prétendre surtout trancher d'une manière définitive la question qui se pose, inéluctable, sur l'origine de chaque siège.

I. CATALOGUES ANCIENS.

A. Adonis *Martyrologium.* — On sait qu'Adon composa son Martyrologe avant son élévation sur le siège de Vienne (860) : les circonstances en sont notoires. Un des principaux manuscrits est celui qu'Adon lui-même envoya à l'abbaye de Saint-Gall, avec des reliques et la vie de son

____

(1) Il est inutile d'en tenir compte pour la période subséquente, quand ils la comprennent : les omissions du *Catal. H* p. ex. montrent bien que les chartes sont la seule base assurée pour la chronologie du bas moyen âge.

prédécesseur saint Didier, qu'il avait rédigée (en 870) : Notker le Bègue témoigne en avoir fait usage. Ce précieux codex du ixe siècle est encore conservé à la bibliothèque cantonale de Saint-Gall, sous le n° 454 (1). On pourrait croire, au témoignage d'un bibliographe estimé (2), qu'un autre manuscrit du ixe siècle se trouve à la bibliothèque de l'Arsenal, à Paris, sous la cote 36 de la section d'histoire latine ; il n'en est rien : d'après le rédacteur du récent catalogue, M. H. MARTIN (3), il n'est que du xie siècle. La principale édition a été donnée, en 1613, par Hérib. Rosweyde. Celle qu'on trouve dans la *Patrologie latine* de Migne (t. cxxiii) la reproduit d'après la *Bibliotheca maxima vet. Patrum* (t. xvi, 1677). Une autre meilleure avait paru à Rome, en 1745, par les soins de Domin. Giorgi : « ope codicum bibliothecæ Vaticanæ recognitum et adnotationibus illustratum ». Adon y mentionne deux fois le fondateur de l'église Viennoise ; il importe de reproduire ces textes, qui sont comme les premiers anneaux de la chaîne des documents concernant les *primordia* de cette chrétienté : « v kal. julii. Apud Galatiam, b. Crescentis, discipuli s. Pauli apostoli, qui ad Gallias transitum faciens, verbo prædicationis multos ad fidem Christi convertit, Viennæ civitate Galliarum per aliquot annos sedit ibique Zachariam discipulum pro se episcopum ordinavit; rediens vero ad gentem, cui specialiter fuerat episcopus datus, Galatas usque ad beatum finem vitæ suæ in opere Domini confortavit ». Je n'insiste pas sur ce mélange ambigu de la Galatie et de la Gaule, ni sur l'omission de Mayence, qui réclame au moins les dernières années de Crescent (4). Le 27 juin est bien le jour de

---

(1) [SCHERRER], *Verzeichniss der Handschriften der Stiftsbibliothek von St. Gallen*, 1875, gr. in-8°, p. 148-9.

(2) POTTHAST, *Bibliotheca historica medii aevi*, Berlin, 1862, ɔ. 436.

(3) *Catalogue gén. des mss. des bibliothèques publ. de France*, Arsenal, 1886, t. II, p. 212, n° 994.

(4) « Hunc fuisse primum in sacra sede Moguntina episcopum ostendunt Moguntinarum rerum scriptores omnes editi et inediti » (*Gallia Christ.* nova, t. V, c. 433). En voici un, qui a pour tout mérite d'avoir été mis au jour récemment : « Primus episcopus fuit Crescens, discipulus bi Pauli apostoli, qui convertit ad fidem Magun-

la fête de ce saint. Néanmoins Adon n'est pas le seul à le mentionner de nouveau, le 29 décembre, après saint Trophime d'Arles : « iv kal. januarii. Sancti Crescentis, apostoli Pauli discipuli, Viennensis ecclesiæ primi doctoris ». Le calendrier du *Missel* Viennois de 1519 porte encore à cette date : « Trophimi atque Crescentis martyrum » ; celui du *Bréviaire* de 1522 : « Crescentis et Trophimi mart. ». Cette affectation de joindre saint Crescent au fondateur incontesté de l'église d'Arles, a contre elle le témoignage de deux papes ; en 417, Zosime, confirmant la primauté d'Arles sur Vienne, en donne pour raison « quoniam metropolitanæ Arelatensium urbi vetus privilegium minime derogandum est, ad quam primùm ex hac sede Trophimus summus antistes, ex cujus fonte totæ Galliæ fidei rivulos acceperunt, directus est » (1). En 450, les suffragants d'Arles rappelèrent à saint Léon « quod prima intra Gallias Arelatensis civitas missum a b. Petro apostolo s. Trophimum habere meruit sacerdotem, et exinde aliis paulatim regionibus Galliarum bonum fidei et religionis infusum, priusque alia loca ab hoc rivo fidei... meruisse manifestum est sacerdotes, quam Viennensem civitatem, quæ sibi nunc impudenter... » ; le pape maintint la primauté d'Arles sur toute la province, sauf Valence, Tarentaise, Genève et Grenoble, qui dépendirent de Vienne (2). Il semble difficile de trouver le motif plausible qui, dans ces deux cas, aurait fait taire le nom de Crescent comme fondateur de l'église de Vienne (3). — A de légères variantes près, le texte

ciam » (*Eberbacher Chronik der Mainzer Erzbischöfe*, ed. WIDMANN dans *Neues Archiv d. Gesellschaft f. ält. deutsche Geschichtskunde*, 1887, t. XIII, p. 129).

(1) D. BOUQUET, *Recueil*, t. I, p. 775 ; etc. Cf. JAFFÉ, *Reg. pont. Rom.*, nº 123 (328).

(2) D. BOUQUET, t. I, p. 776-7 ; etc. Cf. JAFFÉ, nº 228 (450).

(3) Il n'est pas moins étonnant que les églises de Valence et de Die, qui n'ont jamais cessé de faire partie de la province de Vienne, mentionnent dans leur *Letania major* saint Trophime et omettent saint Crescent (*Bréviaire ms. de Valence* de 1473, fº lxxiiijb = *Bull. d'hist. eccl. du diocèse de Valence*, t. IX, nº 60, p. 35 ; *Bréviaire de Die* de 1498 = 1532, fº lxxixb). Cette simple remarque montrera l'importance des anciens monuments liturgiques.

d'Adon a été conservé par Baronius dans son édition du
Martyrologe Romain (1586), sauf la phrase caractéristique :
« Viennæ... ordinavit » ; ses notes montrent assez qu'il n'a
pas voulu trancher la question entre Vienne et Mayence,
ni admettre l'épiscopat successif de Crescent dans ces deux
villes (1). Il est vrai qu'aucun des Martyrologes antérieurs
(Bède, Raban Maur, Florus) ou subséquents (Usuard, Notker) ne dit mot de l'une ou de l'autre. Dans notre 1ᵉʳ
tableau les additions au travail primitif d'Adon sont entre
parenthèses ; le nombre des évêques de Vienne inscrits par
lui ne s'élève qu'à dix-huit.

B. Adonis *Chronicon.* — L'abrégé d'histoire universelle,
dû au même évêque de Vienne, a été l'objet de beaucoup
de critiques, surtout pour la partie ancienne. Je n'en vois
pas signaler de manuscrits antérieurs au xiᵉ siècle (2). Les
Bibliothecæ Patrum (-1677) se sont bornées à reproduire
la vieille édition de Laur. de La Barre (1583). Les extraits
de l' « ætas sexta » donnés par D. Bouquet partent de 418
environ (3) ; ceux de Pertz, de l'an 527 (4). La Chronique
d'Adon renferme, à proprement parler, le plus ancien catalogue des évêques de Vienne. Voici le paragraphe qui con-

***

(1) Baronius, *Martyrologium Romanum,* Paris. 1645, p. 253.
(2) Pertz, *Archiv,* 1839, t. VII, p. 376-8.
(3) *Recueil des histor. des Gaules,* tt. II, V, VI et VII. Le texte
fut établi sur les éditions précédentes, comparées à un manuscrit
de Cluny, aujourd'hui disparu. Le volume consacré par M. Léo-
pold Delisle au *Fonds de Cluni* (Paris, 1884, in-8°) m'a per-
mis d'en retrouver la trace. Le catalogue rédigé sous l'abbé Hugues III (1158-61) le mentionne en ces termes : « 17. Volumen in quo
continentur Historia Francorum et Chronica Adonis, Viennensis
archiepiscopi » (p. 338). D. Anselme le Michel l'examina vers 1645
et le décrivit ainsi dans son catalogue d'une partie des richesses
littéraires de la célèbre abbaye : « X 2. Nobilissimum, antiquissi-
mum et integerrimum exemplar Historiæ Francorum Gregorii Turonensis libris X, et Chronici Adonis Viennensis usque ad Karoli
Calvi et Nicolai I papæ tempora » (p. 391). Parmi les « Manuscrits
conservés à Cluni en l'an IX et qui ont disparu » figure : « 141. Gre-
gorius Turonensis de gestis Francorum, in-4° » (p. 400). Espérons
qu'il se retrouvera.
(4) *Monum. Germ. histor.,* Script. t. II, p. 317-23.

cerne la fondation de cette église : « Sub quo etiam impe-
ratore (Trajano) gloriosissimus senex Zacharias, Viennensis
ecclesiæ episcopus, martyrio coronatur. Nam primus
Crescens, discipulus apostolorum, Viennæ aliquot annos
resedit; quo ad Galatiam reverso, tertius Martinus episcopus et discipulus apostolorum Viennæ resedit ».
L'auteur ne nous renseigne malheureusement pas, dans
son préambule, sur les sources particulières d'où il a tiré
ce qui concerne son église; de ses archives, sans doute,
mais on aimerait à être fixé à c t égard. En dehors des
erreurs et des anachronismes, il y a des contradictions
flagrantes; ainsi, après avoir dit qu'à l'évêque Berteric
succéda Procule, il ajoute plus loin que Pépin donna l'évê-
ché de Vienne « Berterico cuidam ». La vérité est que
Berteric succéda, en effet, à Procule. Il est juste d'ajouter
que, pour la période où les documents permettent de contrôler l'ordre adopté par Adon, c'est-à-dire depuis saint
Nectaire (356), sa chronologie paraît irréprochable.

C. Kalendarium sæc. X. — Dom Claude Estiennot, qui
nous a conservé de ce Calendrier ce qui avait rapport à
l'église de Vienne, ne nous dit pas où il l'a rencontre, probablement dans la bibliothèque de Chorier, comme plusieurs documents similaires dont on lui doit la copie. Il
s'est borné à mettre en tête : « In Kalendario sæculo X et
forte citius conscripto hæc de ss. episcopis Viennensibus
legi » (1). Je n'ai pas publié ces extraits séparément; on en
trouve seulement les additions et variantes dans l'édition
de l'Hagiologe décrit plus loin sous la lettre *F*: le 1er tableau
réparera cette omission. On remarquera que saint Crescent
n'y figure point; le prélat le plus récent qui y soit mentionné
est saint Adon (mort en 875). A la date du 15 novembre
se lit en outre la mention d'un évêque inconnu de l'église
de Vienne : « xvii kal. decemb. Eumondi episcopi et

(1) *Fragmenta historiæ Aquitanicæ*, t. VI (Paris, Biblioth. nation.,
lat. 12768, anc. Saint-Germain, 565), p. 143. La bibliothèque de la
ville de Grenoble possède de ce volume une copie faite au xviii⁰ siècle (n⁰ 2018 du *Catalogue des manuscrits*, p. 630-1).

·confessoris Viennensis » ; on le retrouve au même jour
dans le calendrier d'un Bréviaire ms. de Vienne du
xvᵉ s. : « Eamundi episc. et conf. », et dans ceux du
·Missel de 1519 et du Bréviaire de 1522 : « Heumundi
episc. et confes. » Les Bollandistes ne manqueront pas
de nous dire, dans quelques lustres, ce qu'ils en savent.

D. Bible de Berne. — J'ai eu plusieurs fois l'occasion de
parler du manuscrit A⁹ de la bibliothèque de Berne, qui
renferme (fᵒ 323ᵇ) un abrégé chronologique des évêques
de Vienne, de saint Crescent à saint Avit; tout récemment
j'en ai donné une édition diplomatique (1). L'examen du
quaternion dont fait partie la page sur laquelle a été écrit
ce catalogue, permettrait peut-être d'apprécier si ce précieux
monument historique se poursuivait sur des feuillets subséquents, aujourd'hui disparus. Quoi qu'il en soit, l'écriture est du xᵉ siècle; M. DELISLE place la rédaction « au
plus tard à l'époque carlovingienne ». Je n'oserais toutefois y voir l'influence d'Adon : je la croirais antérieure; on
en jugera par le paragraphe consacré à saint Crescent :
« IIII kal. januarii. Sancti Crescentis Viennensis episcopi.
Traditur primum Crescentem, discipulum Pauli apostoli,
ˉGallias venisse et Viennæ aliquod temporis resedisse ac
verbum vitæ ibi primum prædicasse : commemorat hoc beatus Stephanus pontifex in epistola quadam ad principem
Francorum ». J'ai vainement cherché cette lettre, qui aurait
mentionné Crescent au viiiᵉ siècle, dans la correspondance
·des papes Etienne II et Etienne III. Le célestin du Bois
(voir *Catal. M.*), qui s'entendait en pièces fausses, va nous
tirer d'affaire par une variante : « uti Paulus papa in qua-
·dam epistola... » (2). Il a, en effet, publié le premier une
·lettre du pape Paul Iᵉʳ au futur Charlemagne (757-67), où
se lisent ces mots : « Quæ (Viennensis ecclesia) apostolorum collegam, Crescentem magistrum habere meruit » (3).
·La fausseté de cette pièce est indiscutable, mais je crois

(1) *Bulletin d'histoire ecclés. du diocèse de Valence*, t. X, p. 185-9.
(2) *Floriacensis vetus bibliotheca*, 1603, læv. xyst., p. 21.
(3) Ibid., p. 45. Cf. JAFFÉ, *Reg. pont. Rom.*, nᵒ cccxiii (2367).

être le premier à signaler son existence dès le xe siècle (1).
Pourquoi le copiste ou plutôt l'auteur de la liste de Berne
a-t-il mis *Stephanus* au lieu de *Paulus?* très probablement
parce que, dans le codex où il lisait la pièce en question,
elle était précédée d'une courte bulle du pape « Stephanus
Proculo ecclesiæ s. Viennensis archiepiscopo » (2) : la
suscription de la pièce qu'il invoque, laquelle commence
par les mots « Domno piissimo... », lui aura échappé. —
Un autre article doit attirer notre attention : « Post hunc
(Nicetam) fuit beatus Simplicius episcopus, ad quem beatus
Zosimus papa scribit, qui tamen in catalogo, nescimus qua
de causa, non ponitur ». Ici encore nous sommes en pré-
sence d'une bulle fausse (3), qui corrobore l'observation
précédente sur l'époque de la rédaction de ces sortes de
pièces. Simplice est d'ailleurs un évêque très authentique,
mais tenu pour tel à l'aide d'autres pièces restées inconnues
aux rédacteurs des catalogues antérieurs.

E. Series antist. Viennen. sæc. XI. — Cette liste, qui se
termine à l'archevêque Léger (mort en 1070), faisait partie
du manuscrit de Chorier dans lequel D. Estiennot a copié
l'Hagiologe décrit sous la lettre *F* : « Huc usque ms.
codex, dit-il à la fin de celui-ci, seriem vero antistitum Viennensium sic texit » (4). Les deux listes sont
identiques, sauf l'omission de Wilicaire : il faut peut-être
n'y voir qu'une distraction du copiste. Les numéros d'ordre
reproduits dans mon édition sont sans doute le fait de
D. Estiennot. La dernière mention est ainsi conçue : « 54.

(1) C'est tout au plus le lieu de rappeler que dans son travail,
estimable d'ailleurs, sur la primauté d'Arles et de Vienne (*Der Streit
der Bisthümer Arles und Vienne um den Primatus Galliarum*),
M. Wilh. GUNDLACH a placé la rédaction des bulles fausses relatives
à Vienne sous l'épiscopat de Guy de Bourgogne (1094-1121).

(2) Joan. A Bosco, op. cit., p. 44.

(3) J. A Bosco, op. cit., p. 29. Cf. JAFFÉ, *Reg. pont. Rom.*, n° CLXXXI
(335).

(4) *Fragm. hist. Aquit.*, t. VI, p. 142. Edd. CHEVALIER, *Docum.
inéd. relat. au Dauph.*, 1868, t. II, liv. v, p. 13; *Monum. German.
histor.*, Script. t. XIII, p. 375.

Leudegarius, in quo desinit ms. codex, quem eo sedente exaratum fuisse facile opinor ». Cette liste était loin cependant de représenter. la tradition au temps de Léger, car le *Cartulaire de Romans* renferme un échange, du 12 nov. 1068, « inter domnum Leudegarium, Viennensem archiepiscopum LX^mum I^mum, et Rollannum, abbatem VIIII^num cœnobii Montis Majoris » (1). Cette mention est d'autant plus digne de confiance que Léger, au témoignage du chroniqueur de Novalaise, avait fait rédiger les gestes de ses prédécesseurs : « Hoc tempore Leodegarius, archiepiscopus Viennensis, vitam et mores, ortus et actus suorum antecessorum archiepiscoporum scribendo colligere curavit » (2). Ne seraient-ce pas là les *Gesta pontificalia* qu'il légua à son église, d'après sa notice nécrologique (3)?

F. Hagiologium Viennense sæc. XI. — On est exactement fixé sur la provenance du manuscrit dans lequel D. Estiennot avait rencontré cet Hagiologe, intitulé : *De sanctis episcopis ecclesiæ Viennensis.* Il trouva ces : « exscripta ex vetusto ms. Hagiologio Viennensi inter schedas v. c. Nicolai Chorier, in senatu Gratianopolitano causidici et Delphinatensis historiæ scriptoris » (4) ; dans son index préliminaire il donne pour titre à ce document : « Chronicon episcoporum Viennensium cui titulus est *De s. V. e.*, in pretio habendum est si sit ineditum, erui vero ex schedis v. c. dom. Chorier, annalium Delphinatus scriptoris». Une question se pose tout d'abord : cet Hagiologe existait-il primitivement sous la forme de Martyrologe, que lui a donnée D. Estiennot? je ne le crois pas. Une première preuve s'en tire du paragraphe consacré à saint Crescent;

(1) Ch. 4 et 129 : éd. GIRAUD, 1856, 1e part., pr. p. 33; 2e éd., p. 17^1.

(2) C. XLV : *Monum. histor. patriae,* Script. t. III, p. 120; PERTZ, *Monum. German. histor.*, Script. t. VII, p. 127.

(3) LE LIÈVRE, p. 302; COLLOMBET, t. I, p. 411; *Gallia Christ. nova,* t. XVI, c. 70.

(4) *Fragm. hist.. Aquit.,* t. VI, p. 126. Ed. CHEVALIER, *Docum. ined. relat. au Dauph.,* t. II, liv. v, p. 1-13, cf. iij-v.

on le trouve à la fin, non fixé à un jour déterminé :
« Traditur autem primum Crescentem, discipulum b.
Pauli, Gallias venisse et Viennæ aliquod temporis resedisse
ac verbum vitæ ibi primum prædicasse : commemorat hoc
beatus Stephanus papa pontifex (sic) in epistola quadam ad
principem Francorum ». C'est littéralement (sauf l'addi-
tion des mots « autem » et « papa ») la reproduction
du texte de Berne *(Catal. D)*. Cet Hagiologe n'en est
qu'une nouvelle édition, légèrement remaniée pour la
partie qui leur est commune et complétée jusqu'au xiᵉ
siècle. L'article de sᵗ Pantagathe fournit à la thèse ci-
dessus un argument plus péremptoire encore : « xv kal.
maii. Sancti Pantagati Viennensis episcopi, qui floruit
SUPRADICTI Justiniani imperatoris temporibus... » L'article
précédent, consacré à saint Dodolin (1ᵉʳ avril), mentionne
l'empereur Léon et non Justinien. Mais Pantagathe avait
eu pour prédécesseur saint Domnin, dont la notice (3 nov.)
renferme ces mots : « hic sub Justiniano IIᵒ principe
floruit ». Il ne saurait donc y avoir doute à cet égard, et
D. Estiennot était mieux dans le vrai en donnant à ce
document le titre de *Chronicon*. Les évêques de Vienne y
étaient rangés par ordre chronologique, et la liste *E* n'en
est probablement que le résumé. On ne peut d'ailleurs
trouver à cette chronique aucun point de rapport avec le
Martyrologium ms. S. Mauritii Vienn. qui figure parmi
les sources de l'*Histoire de Dauphiné* de CHORIER (1),
comme le prouvent les fragments publiés par DU BOIS (2),
LE LIÈVRE (3) et CHARVET (4). Quant à l'époque de sa
rédaction, on l'attribue communément à l'archevêque
Léger ; D. Estiennot n'a pas hésité à écrire en face de sa
notice (12 juin) : « Hoc præsule sedente, hoc Chronicon
fuit scriptum et in eo desinit in ms. cod. » (p. 134). On

---

(1) *Bull. d'hist. ecclés. du dioc. de Valence*, nᵒ 69, p. 2.
(2) Op. cit., pp. 65 (in Carthulario) et 67 (in veteri Carthacio).
(3) *Histoire de l'antiqvité... de Vienne*, 1623, pp. 128 (martyrologe), 259 (Chartulaire) et 302 (martyrologe).
(4) *Histoire de la sainte église de Vienne*, 1761, p. 238 (Menolog.
eccl. s. Maurit. Vien.).

y verrait volontiers une copie des Gestes qu'il avait fait
compiler. Cependant· le texte lui-même ne justifie en rien
cette opinion : « Commemoratio piæ recordationis domni
Leudegarii, Viennensis ecclesiæ archipræsulis..., qui obiit
circa annum Domini MXL ». Léger était donc mort quand
cette Chronique fut rédigée ; d'autre part, la date à laquelle
on fixe son décès renferme une si grosse erreur (1040 au
lieu de 1070) qu'on doit renvoyer à une époque tardive
(peut-être à l'épiscopat de Guy de Bourgogne) l'époque de
la rédaction de cette dernière notice.

G. S. Hugonis Chartularia. — Pour défendre la cause
de son église compromise par l'exhibition de pièces controuvées, saint Hugues, évêque de Grenoble, fut obligé de faire
de véritables travaux d'érudition. La chronologie n'existait
guère de son temps ; pour fixer l'époque de ses prédécesseurs
et des chartes émanées d'eux, il établit des synchronismes
avec les évêques contemporains de Vienne et de Valence. Il
témoigne à plusieurs reprises des recherches qu'il fit dans
les archives de Lyon (1), de Valence (2) et de St-Laurent
de Grenoble (3). Ses renseignements sur les archevêques
de Vienne (4) comprennent une période de deux siècles. Il
est remarquable qu'il y donne à Léger son véritable successeur « Artmannus », qu'on a généralement confondu
avec Warmond, dont il fut le prédécesseur. A deux reprises il donne à Thibaud la qualification de saint, ce qui
prouve le culte dont cet archevêque était l'objet au
commencement du xiie siècle.

H. Chronicon antist. Viennen. a¹ 1239. — La longue

---

(1) « Sicut in catalogo libro Lugdunensis ecclesiæ repperitur » ;
« sicut invenimus in libris Lugdunensis ecclesiæ » ; « et hoc invenimus in libris ecclesiæ Lugdunensis ».
(2) « Sicut invenimus in cartis Valentinæ ecclesiæ » ; « invenimus
in cartis Valentinæ ecclesiæ ».
(3) « Sicut in carta Sancti Laurentii, in monasterio Gratianopolitano, invenitur ».
(4) MARION, *Cartulaires de l'église de Grenoble,* 1869, pp. 62-5 et
264-5.

épitaphe de l'archevêque Jean de Bernin, qui énumère avec complaisance ses gestes grandioses, ne nous dit rien de ses soins littéraires. Le titre donné à cette chronique par D. Estiennot : « Aliud Chronicon antistitum Viennensium, jussu Burnonis episcopi anno MCCXXXIX conscriptum, e schedis ejusdem v. c. dom. Nicolai Chorier Delphinatensis historiographi erui : extabat olim in ms. cod. Cartulario Sylvæ Benedictæ » (1), est certainement inexact; il faut le corriger par celui de son index : « Aliud Chronicon episcoporum Viennensium, ad annum MCCXXXIX quo, jussu Joannis archiepiscopi Viennensis, Burnonis successoris, compilatum fuit ut author testatur; in pretio habet citatum Chronicon v. c. Chorier, cui lubens assentior : erui autem illud ex ms. cod. R. P. d. du Moulin Cartusiani, qui fuit olim Cartusiæ Sylvæ Benedictæ in diœcesi Gratianopolitana ». Chorier possédait-il deux copies de cette Chronique? Le fait est qu'il s'en trouve une plus exacte à la bibliothèque de Grenoble, parmi ses papiers recueillis par Guy Allard (2), avec ce titre : « Hic sequuntur nomina episcoporum sanctæ civitatis Viennæ, de mandato domini nostri d. Joannis, Viennensis archiepiscopi, in ordinem descripta juxta tempus prælationis eorum ». Chorier a écrit de sa main : « Ancien catalogue des archevesques de Vienne co(mmun)iqué par le Père Bual ». La notice consacrée à saint Crescent est absolument indépendante de toutes les précédentes : « Sanctus Crescens, sancti Pauli apostoli discipulus, primus Viennensis ecclesiæ fuit institutus episcopus ab eodem apostolo, ubi cum aliquot annis sedisset Moguntinam ecclesiam constituit, rediensque in Galatiam sub Trajano martyrium consummavit v kalendas julii ». Les deux suivantes témoignent suffisamment du développement qu'avaient pris les légendes primitives : « S. Zacharias.., cujus corpus sacrum in ecclesia Sancti Petri quiescit. S. Martinus, qui propriis Christum in cruce pen-

____

(1) *Fragm. hist. Aquit.*, t VI, p. 145. Edd. CHEVALIER, *Docum. inéd. relat. au Dauph.*, t. II, liv. v, p. 20-30; *Monum. German. histor.*, Script. t. XXIV, p. 811.

(2) T. III (ms. 1421, anc. R. 154), f° 2 (*Catal.*, p. 425).

dentem et morientem vidit oculis ». En revanche, on a
omis au xiiᵉ siècle, entre Guy de Bourgogne et Humbert Iᵉʳ,
deux ou trois archevêques ainsi rétablis dans la copie de
Chorier :

<table>
<tr><td>ex manuscripto R. P. Francisci Chifflet</td><td>Petrus Papiæ filius, sedis apostolicæ legatus, post electionem Guidonis anno 1119 ab universis eligitur.</td><td rowspan="3">Isti non erant in membrana.</td></tr>
<tr><td>ex archivis eccl. Maur.</td><td>G., patruus b. Aïraldi Cartusiani, episcopi Maurianensis, vivebat anno 1138.</td></tr>
<tr><td>ex titulis abbatiæ S. Rufi Val.</td><td>Stephanus anno 1139, indictione 2, Conradi regis Rom. anno primo, controversiam inter Robertum abbatem Sancti Petri et canonicos regulares Insulæ Viennensis diremit et circa annum 1143 obiit (1).</td></tr>
</table>

1. *Fundatio Viennen. eccles.* — Cette notice, qu'on a pu
croire très ancienne, parce qu'elle s'arrête à l'évêque Berteric (viiiᵉ siècle) dans la seule copie qui nous en ait été
conservée (2), est bien plus récente que la Chronique précédente. Nous savons maintenant, par une description
détaillée du *Cartulaire de St-Maurice de Vienne*, qu'elle
y occupait les deux colonnes du feuillet 68 recto (n° 164),

(1) Note d'une autre main : « J'ay extraict ce que dessus d'un
viel parchemin, qui estoit collé et servoit à la couverture d'un viel
Antiphonaire de la chartreuse de la Sylve Beniste, l'an 1634, à la
réserve de trois que j'ay noté en marge, scavoir : Petrus Papiæ filius,
trouvé parmy les memoires du R. P. Chifflet, jésuite ; G. : deffunct
monsieur Reymon, premier chanoine de St Jean de Maurienne,
m'escrivant pour scavoir de quelle maison estoit le b. Airald, me
manda que parmy les tiltres de leur esglise il s'en trouvoit un de
l'an 1138, par lequel G., archevesque de Vienne, confirmoit la dona-
tion faicte par Airald, son nepveux, evesque de Maurienne, à ladicte
église ; cela m'occasionna de prier noz messieurs de la cour souve-
raine de Bourg de s'enquerir qui estoit cet archevesque, de quelle
maison et de quel nom ; pour Stephanus, j'ay leu la copie du tiltre
que je cite entre les mains d'un religieux de St Ruf ».

(2) Vol. coté *Chartularia* à la Biblioth. nation., lat. 5214, p. 149.
Edd. CHEVALIER, *Docum. inéd. relat. au Dauph.*, t. II, liv. v, p. 14-9 ;
Monum. German. histor., Script. t. XXIV, p. 816.

« d'une écriture plus menue et qui paroit être de la fin du
14ᵉ siècle, et où l'on voit plusieurs mots à plusieurs et dif-
férentes lignes en blanc, et qui paroissent même avoir été
gratés ; on y voit même quelques mots d'écriture plus
récente. Cette notte historique de l'église de Vienne est sans
datte et n'est pas finie » (1). Ces renseignements sont de
nature à nous rassurer sur la valeur de la copie qui nous
en reste : il est à croire qu'elle est exacte et complète. Le
récit de la fondation de l'église de Vienne par saint Paul est
plus explicite qu'ailleurs : « quam Paulus doctor gentium
apostolica auctoritate per præsentiam suam consecrando
insignivit primaque in ea fundamenta fidei stabilivit, ubi
verbum vitæ primo prædicans aliquot temporis resedit ibique in loco suo sanctum Crescentem Christi discipulum
primum episcopum instituit, ac postmodum sanctum Zachariam de discipulis Christi, qui Dominicæ cœnæ inter-
fuit et mapam cœnæ Domini Viennensibus jocale admodum
pretiosum dedit, surrogavit ». C'est la première fois qu'il
est question de la sainte Nappe (2). On peut se demander
si les lettres pontificales, mentionnées en grand nombre
dans cette notice, y étaient reproduites intégralement, si
c'est là, par conséquent, que DU BOIS en a pris le texte. Il
paraît impossible de s'arrêter à cette hypothèse, car le document aurait pris une dimension hors de proportions avec les
deux colonnes dans lesquelles il était compris.

J. Breviaria et Missale Viennen. — Les monuments
liturgiques constituent la tradition d'une église. Au temps
de CHARVET, celle de Vienne conservait encore « des Missels
du douzième siècle, en velin, très-beaux et très-bien conservés », qui mentionnaient saint Crescent et saint Zacharie (3).
A leur défaut, nous avons des livres imprimés, moins anciens naturellement, mais dont la valeur se tire de leur
caractère officiel. On ne connaît du *Bréviaire* de 1489

(1) *Bull. d'hist. ecclés. du dioc. de Valence,* nᵒ 69, p. 39.
(2) Cf. [ROBIN], *Recherches sur les préc. reliques... de Vienne,* 1876,
p. 1-8.
(3) *Hist. de la sᵉ église de Vienne,* p. 14-5.

qu'un seul exemplaire (1). Cette édition princeps fut publiée par les soins et aux frais d'Ange Cato. Ce singulier prélat, médecin-astrologue de Louis XI, interdit plus tard par Innocent VIII, n'était pas dépourvu de gratitude : dans le colophon, parlant de Charles VIII, il le dit fils du roi Louis XI, le plus sage des hommes et des rois (*hominum regumque sapientissimi regis*). Ce précieux incunable mérite une description détaillée ; je ne manquerai pas d'émettre le vœu, à cette occasion, qu'on réimprime les légendes de nos saints locaux d'après cet exemplaire, dans la crainte de sa destruction possible (2). Une nouvelle édition du *Breviarium ad sancte Viennensis ecclesie usum, in melius noviter quam alias fuerit emendatum,* fut donnée à Vienne même, en 1522 : on peut lire la notice que je lui ai consacrée en 1887 (3). Le *Missel* de Vienne fut imprimé pour la première fois en 1519 : on en connaît 4 ou 5 exemplaires. Il ne sera cependant pas inutile de le décrire un jour avec soin. La liste de la colonne *J* a été obtenue en comparant les calendriers de ces trois éditions, en tirant parti en outre du *Proprium sanctorum* et surtout de la *Letania* placée, dans le Bréviaire à la fin du Commun du temps, dans le Missel à l'office du Samedi-Saint. Malgré les efforts du bollandiste Stalsius, il a été impossible d'assigner un rang chronologique à l'évêque « Castolus (Castulus ou Casturus) » mentionné au 14 octobre, avec saint Agrat dans les Bréviaires et les additions au Martyrologe d'Adon, parmi les évêques de Vienne dans les Litanies.

Voici, avant de passer aux catalogues modernes, la liste résumée des évêques de Vienne d'après les dix catalogues anciens dont il vient d'être parlé (4).

---

(1) BRUNET, *Manuel*, t. I, c. 1247 ; GRAESSE, *Trésor*, t. I, 537ᵃ ; t. VII, p. 120ᵇ.

(2) Il y aura lieu d'en confronter le texte avec celui d'un *Bréviaire* ms. de Vienne (antérieur à 1485), que possèdent dans leur bibliothèque les prêtres de Saint-Irénée (Chartreux) de Lyon.

(3) *Petite revue Dauphinoise*, t. II, p. 50-5.

(4) Ont été laissés au génitif les noms dont le nominatif ne pouvait être restitué qu'avec incertitude.

| | ADONIS | | sæc. X | sæc. X |
	Martyrolog. A	Chronicon B	Kalendar. C	Ms. Bernen. D
27 juin (29 d.)	s. Crescens	Crescens		s. Crescens
27 (26) mai		Zacharias	Zacharias	Zacharias
1er juillet	b. Martinus	Martinus	Martinus	b. Martinus
1er août		Verus	Verus	s. Verus
6 (4) mai	(b. Justus)	Justus		s. Justus
9 mai	(s. Dionysius)	Dionysius	Dyonisius	s. Dionisius
2 (1) janv.	(s. Paragodæ)	Paracodes	Paracode	Paracodæ
3 janv.	s. Florentius	Florentinus		s. Florentus
14 décem.	(b. Lupicinus)	Lupicinus	Lupicinus	s. Lupicinus
11 févr.	s. Symplidis	Simplides	Simplide	s. Simplide
22 févr.	s. Paschasius	Paschasius	Pascasius	(s. Paschasius)
1er juin	s. Claudius	Claudius		s. Claudius
1er août		Nectarius, -rus	Nectarius	s. Nectarus
5 mai	b. Nicetius	Niceta		s. Nicetæ
3 février				b. Simplicius
11 mai	b. Mamertus	Mamertus	Mamertus	s. Mamertus
16 (21) mars (12 n.)	s. Isicius	Isicius	Ysicius	s. Ysicius
5 février	b. Avitus	Avitus	Avitus	s. Avitus
22 avril	s. Julianus	Julianus	Julianus	
3 novem.	(s. Dominus)	Dominus	Domninus	
17 avril	s. Pantagathus	Pantagathus	Pantagatus	
12 novem.	s. Isicus	Isicius		
17 novem.	(s. Manatus)	Namatus		
28 novem.	(s. Philippus)	Philippus		
3 février	(s. Eventius)	Evantius	Eventius	
13 janv.	s. Verus	Verus		
23 mai (11 f.)	(s. Desiderius)	s. Desiderius		

sæc. XI *Series antist.* **E**	sæc. XI *Hagiolog.* **F**	1239 *Chronicon* **H**	sæc. XIV *Fundatio* **I**	*Breviaria* et *Missale* **J**
Crescens	(Crescens)	s. Crescens	s. Crescens	s. Crescens
s. Zacharias	(Zacharias)	s. Zacharias	s. Zacharias	s. Zacharias
s. Martinus	b. Martinus	s. Martinus	b. Martinus	s. Martinus
s. Verus	s. Verus	s. Verus	b. Verus	s. Virus
s. Justus	s. Justus	s. Justus	s. Justus	s. Justus
		s. Desiderius		
s. Dyonisius	s. Dionysius	s. Dionisius	b. Dionisius	s. Dionysius
s. Paracode	Tarcode	s. Paracodas	s. Paxacodas	s. Paracode
s. Florentius	s. Florentius	s. Florentius	s. Floretus	s. Florentius
s. Lupicinus	s. Lupicinus	s. Lupicinus	b. Lupicinus	s. Lupicinus
s. Simplicide	s. Simplicide	s. Simplidas	s. Simplicida	s. Simplide
s. Pascasius	s. Paschalius	s. Pascasius	s. Paschasius	s. Paschasius
s. Claudius	s. Claudius	s. Claudius Verus	s. Claudius	s. Claudius
s. Nectarius	s. Nectarius	s. Nectarius	s. Nectarius	s. Nectarius
s. Nicetius	s. Nicetius	s. Nicetius	b. Nicetius	s. Nicetius
		s. Simplicius	b. Simplicius	s. Simplicius
s. Mamertus	s. Mamertus	s. Mamertus	b. Mamertus	s. Mammertus
s. Isicius	s. Ysicius	s. Ysichius, Es-s	b. Ysicius	s. Ysicius
s. Avitus	s. Avitus	s. Avitus Alcim.	b. Avitus	s. Avitus
s. Julianus	s. Julianus	s. Julianus	s. Julianus	s. Julianus
s. Domninus	s. Domninus	s. Domninus	s. Donninus	s. Domninus
s. Pantagatus	s. Pantagatus	s. Pantagatus	s. Pantagatus	s. Pantagatus
s. Ysicius	s. Ysicius	s. Ysicius II	s. Ysicius	s. Ysicius
s. Naamatius	s. Naamatus	s. Naamatius	s. Naamatus	s. Namacius
s. Philippus	s. Philippus	s. Philippus	s. Philippus	s. Philippus
s. Evantus	s. Evantus	s. Evantus, -tius	Evantius	s. Eventus
s. Verus	s. Verus			s. Virus
s. Desiderius	s. Desiderius	s. Desiderius	s. Desiderius	s. Desiderius

	A	B	C	E
16 juin	(s. Domnolus)	Domnolus	Donnolus	s. Donmolus
14 juin	s. Etherius	Ætherius	Etherius	s. Etherius
25 avril	s. Clarentius	Clarentius	Clarentus	s. Clarentus
10 décembre	(s. Sinduphus)	Sindulphus	Syndulfus	s. Syndulfus
23 octobre		Hecdicus	Edictus	s. Hecdicius
14 (19) janvier	s. Cældus	Chaldeoldus	Caoldus	s. Eoaldus
1er avril		Dodolenus	Dodolinus	s. Bobolinus
14 juin		Bobolinus		s. Bobonus
2 novembre	(s. Georgius)	Georgius	s. Georgius	s. Georgius
15 octobre	(s. Deodatus)	Deodatus	Deodatus	
22 janvier		Blidrannus	Blidrannus	s. Blidrannus
14 octobre	(s. Agratus)			s. Agratus
7 juillet	Evoldus	Eoldus	Eoaldus	s. Goaldus
26 mai		Eobolinus		s. Bobolinus
5 juin		A(u)strebertus	Austrobertus	s. Austrobertus
14 avril		Wilicarius		
8 juin		Proculus		Proculus
9 juin		Bertericus		
20 juin				
20 février		Ursus		Ursus
15 mars		Wlferi, Wltreia		Ultrajc
22 (23) janvier		Bernardus	Barnardus	Bernardus
6 juillet		Aglimatus		Agilmarus
16 décembre			Ado	s. Ado
16 septembre				Otrannus
16 (21) janvier				Berno
30 avril				Raganfredus

F	G	H	I	J
s. Domnolus		s. Domnolus	s. Domnolus	s. Dompnolus
s. Etherius		s. Etherius	s. Etherius	s. Etherius
s. Clarentus		s. Clarentius	b. Clarentus	s. Clarentus
s. Syndulfus		s. Syndulphus	s. Sindulfus	s. Sindulphus
s. Hecdicius		s. Edictus	b. Hecditus	s. Edictus
s. Eoaldus		s. Edaldus / Cadeoldus, C-lus	s. Cadoldus	s. Eoaldus / Coal, Caoldus
s. Dodolinus		s. Dadolenus / Dolinus	s. Donolmus	s. Dodolinus
		Bobo, B-olinus	s. Bobonus	s. Bobonus
s. Georgius		s. Georgius	s. Georgus	s. Georgius
		s. Deodatus	s. Deodatus	s. Deodatus
s. Blidrannus		s. Blidianus	s.Blideranus	s. Blidrianus / Blidrannus
s. Agratus		s. Agratus	s. Agratus	s. Agratus
			Landolmus	
s. Boaldus		s. Evaldus, Eoa-s	s. Coaldus	s. Eoaldus / Eol-s, Co-s
		s. Babolinus	s. Bobolmus	s. Bobolinus
s. Austrobertus		s. Austrobertus	s. Austrebertus	s.A(u)strebertus
Vilicarius		s. Vilicarius / V-rdus	Vilicarius	
Proculus		s. Proculus		
	s. HUGONIS	s. Berthericus	Berterius	
	Chartularia	s. Wolferius		
	G			
Ursus		s. Ursus		
Ultraja		s. Ultraja		
Barnardus	s. Barnardus	s. Barnardus		s. Barnardus / Ber-s
Agilmarus	Agilmarus	s. Algimarus		
s. Ado	s. Ado	s. Ado		s. Ado
Otrannus	Ot(h)trannus	s. Otramus		
Berno	Barnoinus	Bernoimus		
		Wolphericus		
Raganfredus	Raganfridus	Ragaufredus		

	C	E	F	G	H	J
15 décem.		Alexander	Alexander	Alexander	s. Alexander	
25 février		Sobo	Sobo	Sobo	Sobo	
21 mai	Theobaldus	s. Theubaldus	s. Theubaldus	s. Theudbaldus	s. Theutbaldus Theo-s	s. Theobaldus
19 août		Burgardus	Burgardus	Brocardus	s. Burchardus	
12 juin		Leodegarius	Leudegarius	Leodegarius	s. Leodegarius	
				Artmannus		
				Gormundus	Warmundus	
				Guido	Guidos	

2. CATALOGUES MODERNES.

K. Demochares [Antoine de Mouchy], *Catalogus archiepiscoporum et episcoporum qui in variis Galliæ ecclesiis sederunt;* Paris. 1562, in-fol. — Il m'a été impossible de rencontrer cet ouvrage, qui semble introuvable même à la Bibliothèque nationale (1). Dans sa préface, Chenu (*Catal. O*) indique le motif louable qui fit prendre la plume à cet auteur : « Ad impugnandos illius temporis hæreticos describit seriem quorumdam Galliæ episcoporum, ea mente ut doceret veram esse Christi Ecclesiam, quam præsules ab apostolis longa annorum intercapedine descendentes gubernarent. »

L. Villars (Petrus de), *Catalogus præsulum Viennensium,* dans les *Opvscvles et divers traictez* de cet « archevesque et comte de Vienne »; Lyon, 1596, pet. in-8°, t. II. — Ce livre est à la bibliothèque de Grenoble, mais incomplet précisément du 2ᵉ volume. La privation n'est pas grande : outre que Chenu a reproduit textuellement cette liste à la suite de son propre catalogue (p. 479-80), elle est inférieure comme critique à celles du moyen âge, ce qui aurait lieu d'étonner de la part d'un archevêque de Vienne. Il ne faut pas perdre de vue, toutefois, que pour les travaux de ce genre, au début de l'imprimerie, les auteurs étaient souvent dans l'impossibilité de compulser les documents authentiques conservés avec un soin jaloux dans les cathédrales et les monastères : la liste de Vienne ne saurait s'établir à l'aide des seules archives du chapitre de Saint-Maurice. Les principales erreurs de P. de Villars sont l'intercalation d'un Mamertus II et d'un Leodegarius II ; il a connu Armanus.

(1) Il ne figure pas à son ordre dans le *Catalogue de l'histoire de France*, t. V, chap. v, Histoire religieuse de France, 1ᵉ part., sect. I,
1.

M. Bosco (Joannes a), *Antiquæ, sanctæ ac senatoriæ Viennæ Allobrogum Gallicorum sacræ et prophanæ plurimæ antiquitates, nec non primatum ejus et archiepiscoporum elenchus historicus*, lævum xyston de sa *Floriacensis vetus bibliotheca;* Lugduni, 1605, pet. in-8°. — C'est, à proprement parler, la première histoire de la sainte église de Vienne, bien qu'elle ne comprenne que 108 pages, dont il faut encore défalquer les 20 premières, consacrées à la période antique. L'ouvrage est dédié à l'archevêque Pierre II de Villars. Il est difficile de se persuader que les lignes suivantes nous renseignent exactement sur les sources mises spécialement à contribution par l'auteur : « Quam (ecclesiæ Viennensis amplitudinem) religiosus admodum archimandrita atque præclarus antistes Arelatensis, Petrus Laurentius (1), propensissimo animo communicatis mecum incredibili benevolentia clarissimi cœnobii S. Petri Viennensis... archiviis, mirum in modum evexit atque provexit » (p. 3). La majeure partie des bulles et diplômes qu'il a publiés se trouvaient certainement à la cathédrale. Le catalogue de J. du Bois se rapproche beaucoup de la Chronique de 1239, mais il ne l'a incontestablement pas connue, car il déclare à l'élection de Guy de Bourgogne au souverain pontificat : « Non licuit postea ordine sibi succedentes archiepiscopos Viennenses commemorare, præ veterum scriptorum caligine » (p. 81). Comme il fait de Léger le 61ᵉ prélat de l'église de Vienne, ce sont les gestes rédigés par ordre de cet archevêque qui ont dû lui servir de principal guide. Il ne s'est pas fait faute d'y ajouter des développements de toute provenance; la *Fundatio Viennen. eccles.* (*Cat. I*) lui a fourni le thème de ce qu'il dit de la sainte nappe : « ... Zachariam .., qui cum Dominicæ interfuisset cœnæ, Mappam ipsius sacrosanctæ refectionis, super quam panem et vinum in suum Corpus et Sanguinem

---

(1) J'ai fait remarquer ailleurs qu'il doit y avoir une erreur dans ce nom : *Gaspard* du Laurens, abbé de Saint-Pierre de Vienne et de Sénanque, devint archevêque d'Arles en décembre 1603; il eut pour successeur, à Vienne son neveu *Antoine* du Laurens, à Arles Jean Jaubert.

ipse summus sacerdos Christus transubstantiaverat, Viennensibus novis Christianis solatii gratia contulit ». Ce qui
fait le prix de ce volume, ce sont les nombreux documents
dont il donne pour la première fois le texte intégral ; le faux
y est mêlé au vrai, mais il n'y a aucun danger à s'en servir,
car la critique a fait depuis longtemps leur départ.

N. DURANDUS (Clemens), *Vienna sancta, antiquitates
Viennæ sacræ et senatoriæ* ; ms. lat. 5662 de la Biblioth.
nation. — Sur le titre l'auteur est qualifié « auctor Delphin., presbiter, canonicus theologus antea Viennæ, deinde
theologus Redonensis, protonotarius Romanæ ecclesiæ,
reginæ Annæ Austriacæ, matris pauperum, eleemosinarius,
advocator in curia regia et in concilio regio XIII et
XIIII » ; la date du travail est marquée à la fin : « Perfecta fuit hæc exquisita antiquitatum Viennensium, quamvis exigua, collectio anno a Christo nato 1614, mense
septembris. Soli Deo honor et gloria ». L' « elenchus pontificalis historicus » commence à la page 51 (1).

O. CHENU (Joann.), *Archiepiscoporum et episcoporum
Galliæ chronologica historia;* Parisiis, 1621, in-4°, p. 464-
78.' — L'auteur n'avait eu dès l'abord en vue que la province de Bourges. Pour celle de Vienne il invoque comme
sources le supplément à la *Chronologie* de GÉNÉBRARD par
Jean MARQUIS (2) et l'ouvrage de DU BOIS dont il vient
d'être question.

P. LE LIÈVRE (Iean), *Histoire de l'antiqvité et saincteté
de la cité de Vienne en la Gavle Celtiqve ;* Vienne, 1623
in-8°. — L'auteur était, comme le mentionne le frontispice
de son livre, « bachelier en théologie, chanoine, sacris-

---

(1) Un court article des *Mélanges biographiques et bibliographiques relatifs à l'histoire littéraire du Dauphiné,* par COLOMB de Batines
et OLLIVIER Jules (Valence, 1837, t. I, p. 115-6), laisse entrevoir que
Durand pourrait bien être le véritable auteur du lævum xyston de la
Bibliotheca Floriacensis, et non Jean du Bois. La comparaison des
dates suffisait pour montrer quel est le véritable plagiaire, si plagiaire
il y a.

(2) Gilb. GENEBRARDI *Chronographiæ* libri IV, emendati et ... ad
an. 1609 perducti per Joan. MARQUISIUM ; Lugduni, 1609.

tain et abbé de S. Ferreol en la grande église dudit Vienne ».
Il avait atteint la vieillesse quand il publia ce volume (1);
on pourrait croire par le « prologue au lecteur Viennois »
qu'il ne lui avait guère coûté qu'une année de travail (2).
Au dire d'un de ses successeurs dans la même matière, Charvet, son ouvrage « n'est autre chose que les mémoires de
Pierre V de Vil'ars, que ce prélat avoit faits et communi-
qués à Baronius, auxquels il a donné une forme d'histoire.
Il y a ajouté plusieurs faits étrangers à son sujet et quelquefois apocriphes. Ceux qui faisoient son véritable objet
ne sont point rangés suivant l'ordre des tems, et il manque
de goût et de critique » (p. 582). On ne peut que ratifier
ce jugement. D'après Le Lièvre « l'apostre s. Paul fut le
premier pasteur » de Vienne; saint Crescent n'en fut que
« le second ». Il rapporte le discours de l'apôtre saint
Pierre envoyant Zacharie à Vienne, etc. Le texte des documents, vrais et faux, publiés par du Bois, est reproduit
avec quelques changements.

Q. ROBERTUS (Claud.), *Gallia Christiana, in qva regni
Franciæ ditionvmqve vicinarvm diœceses et in iis præsvles
describvntvr;* Lutet. Paris. 1626, in-fol., p. 176-85. —
L'auteur avoue ingénument avoir dressé son catalogue à
l'aide des ouvrages de Chenu, du Bois et Le Lièvre.

R. SAMMARTHANI (Scævola et Ludov.), *Gallia Christiana
qua series omnium archiepiscoporum, episcoporum et abbatum Franciæ vicinarumque ditionum ... probatur ex antiquæ fidei manuscriptis... tabulariis..;* Lutet. Paris. 1656,
in-fol., t. I, p. 789 b -816. — Les auteurs cités sont du
Bois et Le Lièvre. Parlant des bulles relatives à la primauté
de Vienne sur sept provinces ecclésiastiques, à partir de
saint Sylvestre, on se borne à dire : « quorum exemplaria
supposititia, ut aiunt, continentur in Antiquitatibus Viennensibus » (de du Bois); au sujet de cette primatie, on

____

(1) Gaspard de Sales le qualifie de « venerande senex » dans les
distyques qu'il lui adressa à l'occasion de son livre.

(2) « Ie me suis occupé serieusement l'année précédente à la re-
cherche de l'antique Vienne... »

ajoute plus loin : « multa scripsere Petrus de Marca... (1)
ac Phil. Berterius... (2) ».

S. Henr. Suaresii *Delphinatus*. — Henri de Suarès, neveu
du célèbre évêque de Vaison (3), colligea jusqu'à sa mort (arri-
vée à Avignon vers 1669) les matériaux d'un *Orbis Christia-*
nus: ils remplissent 25 volumes grand in-folio à la Biblioth.
nation. de Paris (4). Le 5ᵉ (ms. lat. 8967, anc. suppl. lat.
1710), intitulé : *Sabaudia, Geneva, Delphinatus, Comitatus*
Vindascinus, renferme sur Vienne et ses évêques des notes
(p. 243-72) qui n'offrent rien d'original pour la période qui
nous occupe (5); à peine y trouve-t-on, pour le xivᵉ siècle,
quelques extraits des Registres de la chancellerie pontificale.

T. Chorier (Nicol.), *L'Estat politique de Dauphiné*; Grenoble, 1671, in-12, t. I, p. 183-357. — Aucun des auteurs
précédents n'avait eu à sa disposition autant de documents (6). Outre de nombreuses chartes, il cite à deux
reprises un « Catalogue des Archevesques de Vienne fait
l'an M.CC.XXXV » (pp. 193, 214, 263, 279); cette date est
erronée, car il reproduit plus loin (p. 291-2), à l'article de
Jean de Bernin, « l'eloge qu'il a dans le Catalogue de l'an
M.CC.XXXIX » (cf. p. 187), et n'y mentionne nullement celui
de 1235, qui appartiendrait au même épiscopat. Fort répré-
hensible pour d'autres publications anonymes, Chorier
ménagea les traditions du clergé ; il inséra dans son catalogue tous les noms qu'il rencontra, en ajouta même qui
n'avaient aucun droit d'y figurer; dans l'impossibilité de
dater exactement certaines chartes, il a commis des anachronismes aujourd'hui rectifiés.

(1) *De primatu Lugdunensi et ceteris primatibus dissertatio...;*
Parisiis, 1644, in-8°.
(2) *Pithanon, diatribæ duæ, quibus civilis imperii Romani notitia
et Ecclesiæ politia illustrantur;* Tolosæ, 1608.
(3) Barjavel, *Dictionnaire biographique de Vaucluse*, 1841, t. II,
p. 431-2.
(4) Mss. lat. 8963-87 (Delisle, *Inventaire des mss.*, 1863, p. 15-6.)
(5) Les pp. 249-52 offrent des copies d'inscriptions antiques; elles
n'ont pas été utilisées par l'auteur du t. XII du *Corpus inscriptionum
latinarum* de Berlin, M. Otto Hirschfeld.
(6) *Voir Bull. d'hist. ecclés. du diocèse de Valence*, n° 69, p. 1-3.

U. Drouet de Maupertuy, *Histoire de la sainte église de Vienne ;* Lyon, 1708, in-4°. — L'ouvrage est dédié à l'archevêque Armand de Montmorin. Dans l'« avertissement » qui suit, l'auteur fait la critique de ceux qui l'ont précédé dans la carrière, puis proteste que son histoire « est écrite avec toute l'exactitude dont » il a « été capable. Je l'ai composée », ajoute-t-il, « tant sur les anciens monumens que j'ai examiné avec soin, que sur de nouveaux mémoires, que diverses personnes de considération m'ont communiquez. Je me suis aussi servi de tous les livres imprimez qui m'ont pû fournir quelques matériaux pour cet ouvrage, toujours avec les précautions nécessaires à un auteur, lequel ne veut pas se laisser tromper ».

V. Charvet (C.), *Histoire de la sainte église de Vienne ;* Lyon, 1761, in-4°. — « La position de C. Charvet dans la hiérarchie ecclésiastique à Vienne (il fut archidiacre de La Tour et official métropolitain) lui donna, pendant plus de trente ans, la facilité de compulser à loisir les archives de cette église, riches encore à cette époque, et il en a largement profité. Aussi, grâce à son amour de l'antiquité et à sa diligence infatigable, une foule de documens importants, dont les originaux ont disparu depuis, nous ont été conservés » (1). « Je n'ai rien négligé, nous dit-il lui-même (p. xij), pour m'assurer de la vérité des faits que j'avance, et j'ai toujours exactement cité les sources dans lesquelles j'ai puisé »; et plus haut (p. x) : « On regrettera la perte des mémoires qui nous auraient instruits d'un grand nombre de détails qui sont perdus pour nous. Le temps qui dévore tout, n'en est point la seule cause. Les incursions des Sarrasins et les ravages des Huguenots, plus acharnés que les infidèles même à tout détruire, nous ont ôté tout moyen de connoître la sainte antiquité, et ont mis dans notre histoire des vuides qu'il est impossible de remplir ». Charvet a résumé, en tête de son ouvrage (p. xv-j), le « Cata-

(1) Allut (P.), Notice prélim. aux *Mémoires .. de l'abbaye roy. de St-André-le-Haut de Vienne*, par Cl. Charvet, Lyon, 1868, p. xxiv.

logue des archevêques de Vienne » ; il faut le corriger à
l'aide de celui qu'il a donné dans un Supplément (1769). Sa
critique judicieuse repose autant des exagérations du
fidéisme que de celles de l'hypercritisme. M. Hauréau a dit
de son livre : « assidua manu versavimus et rarissime vitio-
sum deprehendimus » (1).

W. Richard et Giraud, *Dictionnaire univ. des sciences
ecclésiastiques;* Paris, 1762, t. V, p. 545-7 ; éd. de 1827,
t. XXIX, p. 303-6. — Simple liste, d'après l'ancien
Gallia Christiana et Maupertuy.

X. Pilot (J.-J.-A.), dans *Statistique générale du dépar-
tement de l'Isère;* Grenoble, 1846, t. III, p. 354-71. —
Cette liste, sans prétentions scientifiques, se rapproche
de celle de Chorier (*Catal. T*) plus que de toute autre.

Y. Collombet (F.-Z.), *Histoire de la sainte église de
Vienne..;* Lyon, 1847, 3 vol. in-8°. — La prétention de
l'auteur, de rendre « désormais à peu près inutile » le
livre de Charvet, n'est pas justifiée. Les quelques pages
qu'il consacre aux origines de l'église de Vienne sont un
mélange incohérent de critique et de légendes. Dans sa
« Table chronologique des évêques et archevêques de
Vienne » (t. I, p. ix-xv), il donne comme « épiscopats dou-
teux s^t Crescens et s^t Zacharie ». L'ordre est à peu près
celui de Charvet, sauf l'interversion de plusieurs prélats au
vi^e siècle, laquelle n'est point, comme on pourrait le croire,
le fait du typographe ; elle provient sûrement du mélange
des cahiers du manuscrit ; deux autres, aux viie et viiie siècles, ne témoignent pas du soin apporté à sa rédaction par
cet auteur trop fécond. Un supplément parut en 1848.

Z. Marion (J.), *Liste des archevêques et évêques de
France,* dans l'*Annuaire historique publié par la société dè
l'histoire de France;* Paris, in-12, 1851, xve an.; — reprod.

____

(1) *Gallia Christiana* nova, t. XVI, c. 5.

dans *Dictionnaire de statistique religieuse* (MIGNE, *Nouv. encyclop. relig.*, in-4°, 1851, t. IX), c. 428-31. — C'est le catalogue de l'ancien *Gallia Christ. (R.)*, sans améliorations; l'auteur place s^t Crescent vers l'an 160.

AA. Gallia Christiana in provincias ecclesiasticas distributa, in qua series et historia archiepiscoporum, episcoporum et abbatum regionum omnium quas vetus Gallia complectebatur ... deducitur et probatur ex authenticis instrumentis..., t. XVI cond. Barthol. HAURÉAU; Parisiis, 1865, in-fol., c. 1-171, instr. 1-72. — C'est l'ouvrage qu'on appelle *Gallia Christ. nova*, ou plus exactement *novissima;* il est fâcheux qu'un corps religieux n'ait pas mené à bonne fin ce travail monumental, dont les Bénédictins avaient publié les 13 premiers volumes. Voici l'opinion de M. Hauréau sur les origines de l'église de Vienne : « ... Nec pace nostra major fides tribuatur his narratiunculis, ex poetarum more fucatis, quæ s. Paulum, in Hispaniam migrantem, Crescenti discipulo Viennensem ecclesiam commisisse tradunt, imo Crescentem hunc Viennæ primum episcopum extitisse. Plaudebat his commentis antiquitas, veri prorsus incuriosa »; cependant Charvet, dont M. Hauréau a loué le jugement, était encore en 1761 dans ces idées. Poursuivons : « Pro certo quidem tenemus quosdam verbi christiani præcones in agrum Viennensem decurrente secundo sæculo pervenisse et nonnullos præcipuæ civitatis incolas... docuisse. Ex eo sane cathecumenorum grege prodierunt hi magni nominis *Christi servi*, quorum martyrium sub Antonini Pii tempora NICEPHORUS Callixtus memorat (*Eccles. hist.* lib. IV, c. 16). Nec ab eorum abhorremus conjectura, qui vel paucos vel frequentes numero Viennenses ad fidem Christi conversos jam tunc societatem fecisse contendunt et, circa mediam tertii sæculi partem, proprio clam aut palam episcopo paruisse » (p. 3). Au témoignage d'un historien bien antérieur à Nicéphore, EUSÈBE de Césarée, les chrétiens de Vienne et de Lyon prenaient, en 177, le nom de serviteurs du Christ : Οἱ ἐν Βιέννῃ καὶ Λουγδούνῳ τῆς

Γαλλίας παροικοῦντες δοῦλοι Χριστοῦ (1). Dans cette même lettre aux frères d'Asie et de Phrygie, il est dit que les persécuteurs s'étaient saisis de tous les principaux membres des deux Eglises, de ceux surtout qui les avaient constituées : συλλεγῆναι ἐκ τῶν δύο Ἐκκλησιῶν πάντας τοὺς σπουδαίους, καὶ δι᾽ ὧ μάλιστα συνειστήκει τὰ ἐνθάδε (2). L'éditeur, Henri de Valois, fait remarquer que ce passage prouve manifestement l'existence d'une église (et partant d'un évêque) à Vienne, distincte de celle de Lyon ; et il en donne la raison : « quippe Ecclesia ab antiquis scriptoribus non dicitur nisi matrix, quam cathedralem vocamus ». Bien qu'il ne soit fait mention, dans le cours du document, que de l'évêque de Lyon, saint Pothin, il n'y a rien à tirer contre Vienne de l'absence du nom de son évêque, saint Just ou tout autre. TILLEMONT, dont on aime tant à se prévaloir en sens contraire, est formellement et plus explicitement encore du même avis (3).

BB. CHEVALIER (C.-U.-J.), *Bibliographie* de l'ouvrage précédent, dans *Bulletin de la société d'archéologie et de statistique de la Drôme;* Valence, 1868, t. III, p. 443-58 ; à part, s. l. n. d., in-8° de 16 p. — Même liste, sauf l'intercalation motivée de Landalène ou Dodolène après saint Syndulfe.

CC. [CHEVALIER (C.-U.-J.)], *Notice chronologico-historique sur les archevêques de Vienne*, dans *Ordo divini officii recitandi... ad usum Valentinensis diœceseos ;* Valentiæ, 1869, pet. in-8°, p. 3-21. — Développement du catalogue précédent.

DD. GAMS (Pius Bonif.), *Series episcoporum ecclesiæ catholicæ;* Ratisbonæ, 1873, in-4°, p. 653-6. — Bien qu'il cite Maupertuy (4) et Collombet, le docte bénédictin n'a

(1) *Historiæ ecclesiasticæ* lib. v, c. 1 (*Patrolog. græca*, t. XX, c. 408).
(2) Idem, ibid. (c. 413).
(3) *Mémoires pour servir à l'histoire ecclésiastique des six premiers siècles ;* Paris, 1701, t. III, p. 620.
(4) Il a cru que Charvet n'en était qu'une nouvelle édition.

fait usage que du travail de **M.** Hauréau. Ce qui importe, c'est son opinion sur l'époque de la fondation de l'église de Vienne; contre son habitude, il est très explicite à cet égard : « c. 90. S. Crescens, ab apostolis Petro et Paulo in Galliam missus (*II ad Tim.* IV, 10). Ex plurimis antiquitatis christianae testimoniis, nuperrime ex testimonio codicis Sinaitici S. Scripturae, ex nomine s. Crescentis latino, etc. manifestum s. Crescentem, non in Galatiam Asiæ, sed in Galliam (εἰς Γαλλίαν) missum esse. Quum nulla alia ecclesia Galliae originem suam a s. Crescente deducat, nisi Viennensis, quae civitas jam circa annum 150 et ante tempora s. Pothini et s. Irenaei suam habebat ecclesiam christianam, dubitandi locus non esse videtur, hunc Crescentem esse discipulum apostolorum et ante martyrium b. Pauli apostoli missum in Galliam » (1). Le supplément à cet ouvrage, publié en 1886, ne renferme rien sur Vienne.

EE. Chevalier (C.-U.-J.), *Notice chronologico-historique sur les archevêques de Vienne, d'après des documents paléographiques inédits*, dans *Revue du Dauphiné et du Vivarais;* Vienne, 1879, gr. in-8°, t. III, p. 214-29; à part, Vienne, 1879, gr. in-8°, 19 p. — Reproduction du *Catal. CC*, amélioré à l'aide de documents.

FF. Mas Latrie (c^{te} de), *Trésor de chronologie, d'histoire et de géographie pour l'étude et l'emploi des documents du moyen âge;* Paris, 1889, in-fol., c. 1513-4. — Simple reproduction de la liste de Gams, avec de légères améliorations.

Les catalogues modernes dont on vient de lire la description ne sont représentés que par les cinq principaux dans le 2e tableau qui suit :

(1) Cf. quae in libro : *Année du martyre des saints apôtres Pierre et Paul.* Paris, 1867, p. 70-4, et *Histoire de l'Eglise*, par J.-A. Moehler, publ. par P. Gams (traduite par l'abbé P. Bélet, Paris, 1868, t. I, p. 174-8) de primordiis ecclesiae Gallicanae et de s. Crescente disseruimus [note de Gams].

1605 J. A Bosco M	1656 SAMMARTH. R	1671 CHORIER T	1761 CHARVET V	1865 HAURÉAU AA
s. Crescens	s. Crescens	s. Crescent	s. Crescent	s. Crescens
s. Zacharias	s. Zacharias	s. Zacharie	s. Zacharie	s. Zacharias
s. Martinus	s. Martinus	s. Martin	s. Martin	s. Martinus
s. Verus	s. Verus	s. Vere I	s. Vere I	s. Verus I
s. Justus	s. Justus	s. Juste	s. Just	s. Justus
s. Desiderius				
s. Dionysius	s. Dionysius	s. Denis	s. Denis	s. Dionysius
s. Paracodas	Paracodas	s. Paracode	s. Paracode	s. Paracodes
s. Florentius		s. Florent I	s. Florent I	s. Florentius I
s. Lupicinus	Lupicinus	s. Lupicin	s. Lupicin	s. Lupicinus
s. Simplidas	Simplides	s. Simplide	s. Simplide	s. Simplides
				s. Verus II
s. Paschasius	Paschasius	s. Paschase	s. Paschase	s. Paschasius
b. Claudius	Claudius	s. Claude- Vere	s. Claude	s. Claudius
s. Nectarius	Verus	s. Nectarius	s. Nectaire	s. Nectarius
		Florent	s. Florent II	
s. Nicetius	Nicetas	s. Niceta, N-tius	s. Nizier	s. Nicetius
	Nectarius			
	Florentius			s. Florentius II
b. Simplicius	Simplicius	s. Simplice	s. Simplice	s. Simplicius
		Salonius		
s. Mamertus	s. Mamertus	s. Mamert	s. Mamert	s. Mamertus
b. Ysicius	Hesychius	s. Ysicius, Y-chiu	s. Isique I	s. Isicius I
b. Avitus	Alc. Avitus	s. Alc. Avitus	s. Avit	s. Al. Ec. Avitus
s. Julianus	Julianus	s. Julien	s. Julien	s. Julianus
b. Domninus	Domninus	s. Domnin	s. Domnin	s. Domninus
s. Pantagatus	Pantagathus	s. Pantagathe	s. Pantagathe	s. Pantagathus
s. Ysicius II	Isicius II	s.Ysice, Hesychius	s. Isique II	s. Isicius II
s. Naamatus	Namatius	s. Naamat	s. Naamat	s. Naamatus
b. Philippus	Philippus	s. Philippes	s. Philippe	Philippus
b. Evantus	Evantius	s. Evance	s. Evance	s. Evantius
s. Virus, Ver-	Verus	s. Vere II	s. Vere II	s. Verus III

M	R	T	V	AA
s. Desiderius II	s. Desiderius	s. Disdier	s. Didier	s. Desiderius
s. Domnolus	s. Domnolus	s. Domnol	s. Domnole	s. Domnolus
		s. Sindulphe		
s. Etherius	Aetherius	s. Ethere	s. Ethere	s. Ætherius
s. Clarentus	Clarentius	s. Clarence	s. Clarent	Clarentius
s. Syndulphus	Sindulfus		s. Syndulfe	s. Syndulfus
s. Edictus	Hedictus	s. Hecdique	s. Edicte	s. Edictius
s. Edaldus	Caldeoldus	s. Cadeolde	s. Cadeolde	Chaldeoldus
s. Dolinus	Landalenus	s. Dodolene	s. Dodolene	
s. Bobo, B-olinus	Bobolinus	s. Bobon	s. Bobolin I	s. Bobolinus 1
s. Georgius	Georgius	s. George	s. Georges	s. Georgius
s. Deodatus	Deodatus	s. Theodat, De-	s. Deodat	s. Deodatus
s. Blidianus	Blidramnus	s. Blidran, B-dian	s. Blidramne	s. Blidramnus
s. Agratus			s. Agrat	s. Agratus
d. Eoaldus	Eoldus	s. Eolde, Eoalde	s. Eoalde	s. Eoaldus
s. Bobolinus	Bobolinus II		s. Bobolin	s. Bobolinus II
b. Austrobertus	Austrebertus	s. Austrobert	s. Austrobert	s. Austrebertus
s. Vvilicarius	Vvilicarius	Villicaire	s. Villicaire	s. Wilicarius
Proculus		Proculus	s. Procule	Proculus
Bertericus	Betericus	Berteric	Berteric	Bertericus
	Proculus			
Volferius				
Ursus	Ursio	s. Ours	Ours	Ursus
Vultraia	Vvlferius	Volfere	s. Volfere	Wulferius
s. Barnardus	s. Bernardus	s. Bernard, Ba-d	s. Barnard	s. Bernardus I
Agilmarus	Agilmarus	Aglimar	Agilmar	Agilmarus
s. Ado	s. Ado	s. Ado	s. Adon	Ado
Otramus	Ottramnus	Otram	Otram	Ottramnus
Bernoinus	Bernoinus	Barnoin	Bernoin	Bernoinus
Vvolfericus				
Ragaufredus	Rigofredus	Rainfroy	Rainfroi	Ragenfridus

M	R	T	V	AA
	Rostagnus	Rostaing		
		Arman		
Alexander	Alexander	s. Alexandre	Alexandre I	Alexander I
Sobo	Sebo	Sobon	Sobon	Sobbo
Theutbaldus	Theutbaldus	s. Thibaud	s. Thibaut	s. Theobaldus I
Burchardus	b. Burchardus	s. Burcard	b. Burcard	Burchardus
Leodegarius	Leodegarius	s. Leger	Léger	Leodegarius
				Armannus
Vvarmundus	Guarmundus	Varmond	Varmond	Warmundus
			Gontard	Gunthardus
Guido	Guido de B-e	Guy I de Bourg.	Gui de Bourg.	Guido I

Ulysse CHEVALIER
Correspondant de l'Institut.

www.ingramcontent.com/pod-product-compliance
Lightning Source LLC
Chambersburg PA
CBHW061131050726
47594CB00005B/2195